Made in the USA
Monee, IL
29 November 2021

83250078R00063